"INGLÉS PARA LA VIDA"

by
Stacey Kammerman

⬧KAMMS®

Published by
KAMMS® Consulting, LLC
6715 Atlantic Avenue
Ventnor City, NJ 08406
www.kammsworldwide.com
info@kammsworldwide.com
609-822-8000

Published by KAMMS Consulting, LLC
©2012 KAMMS Consulting, LLC
6715 Atlantic Avenue
Ventnor City, NJ 08406 U.S.A.

Manufactured in the U.S.A.
International Standard Book Number: 978-1-934842-72-0

contenidos

introducción

¡Felicitaciones por su decisión de aprender inglés! ¡Aprender a hablar bien inglés probablemente sea lo mejor que pueda hacer para mejorar su vida! Su vida será más fácil y feliz, y esto le permitirá el ascenso que se merece.

Usted está a punto de embarcarse en un emocionante viaje para desarrollar sus habilidades con el idioma inglés y mejorar de inmediato la comunicación en su vida cotidiana. Nuestros programas ofrecen un contenido valioso que se relaciona directamente con su situación de vida, en un formato fácil de usar. Las actividades son atractivas y están enfocadas a situaciones reales, y el contenido podrá ser utilizado inmediatamente para la interacción social.

Y además no se preocupe, va a aprender con rapidez y facilidad, sin estrés y sin tener que pasar horas y horas memorizando reglas gramaticales.

Sabemos que la gramática es importante, pero es más fácil aprenderla de forma natural, al ser expuesto al idioma, en lugar de memorizar reglas. Además, las variadas herramientas de aprendizaje que ofrecemos, aseguran que su método preferido para la adquisición de un idioma sea dirigido por expertos y, ¡esto hará que tenga una experiencia de aprendizaje del idioma muy exitosa!

También puede estar seguro de que con el equipo de KAMMS estará en buenas manos. El desarrollo de nuestros programas es llevados a cabo por lingüistas, expertos en adquisición de idiomas y profesores bilingües certificados que basan sus métodos de enseñanza en las últimas investigaciones científicas sobre el aprendizaje de idiomas en adultos.

¡Bienvenidos al Inglés para la Vida! ¡Le deseamos mucho éxito!

Características de los Programas de Idiomas

❖ **Usted Puede Aprender Rápido y Fácilmente el Idioma que Necesita para un Trabajo o La Vida**
La persona promedio puede tardar hasta cinco años en adquirir fluidez en un segundo idioma. Nuestros programas les enseñan a los alumnos frases cortas y sencillas que se relacionan directamente con las actividades diarias de una situación de vida particular, de forma tal que ellos puedan mejorar inmediatamente la comunicación en la vida cotidiana.

❖ **Repetición y Progresión son Utilizados a lo Largo de Todos Nuestros Programas**
Todo el mundo sabe que "la repetición es la clave del aprendizaje", y no es diferente cuando se trata de aprender un nuevo idioma. La repetición y la progresión a lo largo de nuestros programas le permiten al alumno ver y escuchar la misma palabra reiteradas veces, mientras que al mismo tiempo, nosotros vamos introduciendo poco a poco una o dos palabras del nuevo idioma cada vez. Por ejemplo: I want.... (Quiero...) I want to cash... (Quiero cambiar...) I want to cash a check... (Quiero cambiar un cheque).

❖ **Guía de Pronunciación Fonética**
Se proporciona pronunciación fonética para cada palabra y frase presentada en los programas de idiomas de KAMMS. Las palabras son divididas en sílabas mediante guiones.

❖ **Cada Lección es Independiente**
Las lecciones son independientes entre sí. Las lecciones de cada programa no se basan en las lecciones anteriores. Esto le permite acceder específicamente a las palabras y frases que usted necesita o desea saber para una situación dada, sin tener que aprender primero el programa completo.

❖ **Hablantes Nativos y No Nativos**
Los programas de audio incorporan hablantes nativos de inglés y hablantes nativos de español. Cada palabra o frase es repetida una vez por cada hablante para permitir a los alumnos escuchar tanto el acento del hablante nativo como el del hablante no nativo. Cuando se está aprendiendo un idioma por primera vez es más fácil entender a alguien que habla su misma lengua materna. A medida que se avanza en el estudio, se hace más fácil entender al hablante nativo de inglés.

❖ **Equipo de Expertos en Idiomas**
Las calificaciones del equipo de expertos en adquisición de idiomas de KAMMS van desde Licenciaturas en Idioma Español, en Idioma Inglés, en Cultura Latinoamericana hasta Certificaciones en Enseñanza de Idiomas y Traductores. Además, el equipo tiene una amplia experiencia docente en escuelas, empresas, industrias y agencias gubernamentales. Somos muy afortunados de contar con personas creativas, innovadoras, expertas y excepcionales en el equipo de KAMMS.

❖ **Gramática Sólo Cuando es Necesario**

Nosotros enseñamos gramática en base a la "necesidad de saber". Es probable que a lo largo de nuestros programas usted vea algunas explicaciones o actividades ocasionales que incluyan gramática. Hacemos esto de tal forma que sea lo más breve posible. Hay ciertas situaciones que se prestan para una explicación gramatical y hay algunos estudiantes a los cuales les gusta conocer las reglas del lenguaje. Por esta razón, cuando es necesario, incluimos gramática en nuestros programas.

❖ **Cognados Siempre Que Sea Posible**

Los cognados son palabras que lucen y suenan de igual forma en español que en inglés (por ejemplo, silencio= silence). Con el fin de construir sobre lo que ya sabemos, nosotros usamos tantos cognados como sea posible a lo largo de nuestros programas de idiomas.

Consejos y Sugerencias para Aprender un Idioma

❖ **Hable sin Miedo**

El mayor problema de las personas que se enfrentan a aprender un nuevo idioma es su propio miedo. Se preocupan porque no van a decir las cosas correctamente o van a parecer estúpidos, entonces no hablan nada. ¡No haga eso! La forma más rápida de aprender algo es hacerlo una vez y otra vez hasta hacerlo bien. Como todo, aprender inglés requiere práctica. No deje que un poco de miedo le impida conseguir lo que quiere.

❖ **La Práctica Hace al Maestro**

Practique el idioma regularmente convirtiéndolo en parte de su rutina. ¡Si lo que quiere es aprender y saber bien un segundo idioma debe practicarlo muchísimo! No utilice como excusa que está ocupado, usted puede hacerse un poco de tiempo para practicar durante el día. Ya sea camino al trabajo o a la escuela, o a la hora del almuerzo o bien después de que los niños se hayan ido a la cama. Es esencial que trate de hablar, escribir, escuchar o leer el idioma que está tratando de aprender por lo menos una vez al día.

❖ **Hágalo Parte de Su Vida**

Sumérjase en el idioma lo más que pueda. Vea películas y diferentes programas en el idioma que desea aprender. Use subtítulos o el contexto para poder seguir la trama y así aprender vocabulario. Escuche programas de radio en ese idioma, aunque no entienda mucho lo que dicen, esto le afinará el oído al sonido del nuevo idioma. Además, lea cualquier cosa que encuentre en inglés: paquetes de productos, carteles, periódicos, etcétera. Cuanto más expuesto esté al idioma a través de diferentes maneras, más rápido aprenderá.

❖ **Conversación Real**

Nada sustituye la práctica que se adquiere conversando con una persona real. Esto le ayudará a recordar vocabulario rápidamente, a mejorar su pronunciación y sobre todo a sentirse cómodo con el nuevo idioma. Así que hágalo con un compañero de estudios, un profesor, su familia, su compañeros de trabajo o cualquier extraño que usted escuche hablando inglés. Nunca pierda la oportunidad de practicar conversación con una persona real.

English for Life - Inglés para la Vida

Lección 1: El Barrio (The Neighborhood)

1. Lea cuidadosamente los siguientes ejercicios.
2. Luego, escuche la lección 1 en el programa de audio: "Inglés para la Vida".
3. A continuación, complete las siguientes actividades.

A. ¿Cómo lo diría? Elija una de las oraciones del cuadro de la derecha para responder adecuadamente a lo que alguien podría decirle.

1. Good morning _____
2. Welcome to the neighborhood. _____
3. How are you? _____
4. It's a pleasure to meet you. _____
5. Good evening _____

good evening
same to you
fine, thanks
good morning
thank you

B. Construya oraciones combinando la frase de la izquierda con las frases de la derecha. Luego, tradúzcalas al español.

Would you like...

1. to come?
2. to bring your family?
3. to bring something?

1. _____? ¿Quisiera _____?
2. _____? ¿Quisiera _____?
3. _____? ¿Quisiera_____?

Is there...

4. a store nearby?
5. a school nearby?
6. a park nearby?

4. _____? ¿Hay_____?
5. _____? ¿Hay_____?
6. _____? ¿Hay_____?

The Neighborhood Party

they – ellos	*asks – pregunta*	*their neighbors – sus vecinos*
tell – dicen	*says – dice family members – miembros de familia*	*big-grande*

Carolina and Jacob are going to have a neighborhood party.

They tell their neighbors: "Welcome to the neighborhood! We're going to have a party."
Then, Carolina asks their neighbors: "Would you like to come?" The neighbors say:
"Yes, thanks!"

Jacob asks: "Would you like to bring something?" The neighbors ask: "Is there a store
nearby? Jacob says: "Yes". The neighbors say: "Ok, we would like to bring something."

Carolina asks: "Would you like to bring your family?" The neighbors say: "Yes, thanks!"
The neighbors have a big family. They bring their 325 family members to the party. Oh
no, Oh no!

A. Conteste las siguientes preguntas con verdadero (true) o falso (false).
1. _____ Carolina and Jacob are going to have a wedding.
2. _____ The neighbors would like to bring something.
3. _____ The neighbors have a small family.
4. _____ The neighbors say: "No thanks!"
5. _____ The neighbors bring their family members.

B. Encierre en un círculo la respuesta correcta.
1. Jacob says: "Would you like…
   a) to bring 325 family members
   b) to bring something
2. Carolina and Jacob are going to have…
   a) a meeting
   b) a party
3. The neighbors have…
   a) a big family
   b) a big car

C. Conteste las siguientes preguntas con una oración completa.
(who – quién   how many - cuántos)

1. Who is going to have a party? _____
2. Who do they ask to come to the party? _____
3. How many family members come to the party? _____

Lección 2: La Tienda (The Store)

1. Lea cuidadosamente los siguientes ejercicios.
2. Luego, escuche la lección 2 en el programa de audio: "Inglés para la Vida".
3. A continuación, complete las siguientes actividades.

A. ¿Cómo le preguntaría a un vendedor lo siguiente en inglés? *Si es necesario, utilice la guía escrita "Inglés para la Vida".*

1. ¿Toma las tarjetas de crédito? _____
2. ¿Puede ayudarme? _____
3. ¿Cuánto cuesta? _____
4. ¿Dónde está? _____
5. ¿Tiene cambio? _____
6. ¿Toma cheques? _____
7. ¿Toma efectivo? _____
8. ¿Tiene esto? _____
9. ¿Cómo se llama? _____
10. ¿Tiene un problema? _____

B. Elija el comienzo correcto para cada oración a partir de las siguientes frases. Utilice las siguientes frases más de una vez.

a. I need…   b. I have…   c. I am…   d. It is…   e. Thank you

1. _____a return.
2. _____large.
3. _____to speak with the manager.
4. _____looking for a gift.
5. _____an exchange.
6. _____for your help.
7. _____small.
8. _____looking for something.
9. _____a problem.
10. _____just looking.

Susie Shopper

happy - contento	*goes to - va a*	*salesperson - vendedor*	*you - usted*
we do not take – no tomamos		*one thousand – un mil*	*dollars - dólares*

Susie is looking for a gift. Susie goes to the "Happy" store.

The salesperson says: "Welcome. Can I help you?" Susie says: "Yes, I'm looking for a gift." The salesperson says: "I have a perfect gift."

Susie says: "I like it! How much does it cost?" The salesperson says: "It costs one thousand dollars." Susie asks: "Do you take credit cards?" The salesperson says: "No, we do not take credit cards."

Susie asks: "Do you take checks?" The salesperson says: "No, we do not take checks." Susie asks: "Do you take money orders?" The salesperson says: "No, we do not take money orders."

Susie asks: "Do you take cash?" The salesperson says: "Yes! We take cash!"

A. Conteste las siguientes preguntas con verdadero (true) o falso (false).
   1. _____ Susie is looking for a salesperson.
   2. _____ The salesperson says: "I like it."
   3. _____ Susie likes the gift.
   4. _____ The salesperson says that they do take credit cards.
   5. _____ Susie asks how much it costs.

B. Encierre en un círculo la respuesta correcta.
   1. The salesperson says that they do take…
      a) credit cards
      b) cash
   2. Susie is looking for a…
      a) gift
      b) party
   3. Susie goes to the…
      a) park
      b) store

C. Conteste las siguientes preguntas con una oración completa.
      (who – quién   where – dónde   what - qué)

   1. Who is looking for a gift? _____
   2. What does Susie like? _____
   3. Where is Susie? _____

Lección 3: El Banco (The Bank)

1. Lea cuidadosamente los siguientes ejercicios.
2. Luego, escuche la lección 3 en el programa de audio: "Inglés para la Vida".
3. A continuación, complete las siguientes actividades.

A. Escriba la palabra que coincida con la imagen sobre la línea inferior a esta.

money	credit card	check

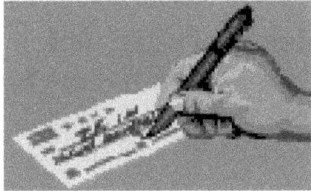

1. _____   2. _____   3. _____

B. Una con una línea la columna "a" con su significado en la columna "b".

	a	b
1.	checking account	tarjeta de credito
2.	deposit slip	dirección
3.	credit card	cheque
4.	receipt	hoja de depósito
5.	debit card	cuenta corriente
6.	withdrawal slip	recibo
7.	name	hoja de retiro
8.	traveler's check	cuenta de ahorros
9.	check	nombre
10.	address	tarjeta de débito
11.	money	cheque de viajero
12.	savings account	dinero

A New Bank Account

teller – cajero	*gives him – le da*	*there's no – no hay*	*first - primero*

Logan wants a checking and savings account.

He goes to the bank. He says: "I want a checking and savings account." The teller says: "No problem. I need your name, address and identification."

Logan says: "This is my name, address and identification." The teller says: "Thank you." Then, the teller gives him checks, a debit card and deposit slips.

Logan says: "I want to withdrawal money. Can you give me a withdrawal slip?" The teller says: "There's no money in your account." Logan says: "When will the money be available?"

The teller says: "You need to deposit money first!"

A. Conteste las siguientes preguntas con verdadero (true) o falso (false).
1. _____ Logan wants a credit card.
2. _____ The teller needs Logan's name, address and identification.
3. _____ Logan wants money.
4. _____ The teller gives Logan a withdrawal slip.
5. _____ Logan deposits money in the account.

B. Encierre en un círculo la respuesta correcta.
1. The teller says that she needs…
   a) a check
   b) identification
2. Logan wants a…
   a) checking and savings account
   b) credit and debit card
3. Logan needs to deposit…
   a) money
   b) traveler's checks

C. Conteste las siguientes preguntas con una oración completa.
(who – quién   where – dónde   what - qué)

1. Who wants an account? _____
2. What does the teller give Logan? _____
3. Where does Logan go? _____

Lección 4: La Oficina del Doctor (The Doctor's Office)

1. Lea cuidadosamente los siguientes ejercicios.
2. Luego, escuche la lección 4 en el programa de audio: "Inglés para la Vida".
3. A continuación, complete las siguientes actividades.

A. Coloque las palabras en orden para construir oraciones o preguntas con sentido.

1. appointment / need / to / I / make / an

   _____

2. an / I / need / appointment / to / change

   _____

3. security / This / my / number / social / is

   _____

4. want / doctor / to / with / speak / I / the

   _____

5. pain / Can / something / for / I / have / the

   _____

6. child / for / It / my / is

   _____

7. insurance / I / an / card / have

   _____

8. medical / need / a / I / exam

   _____

B. Informe al médico lo que le sucede. *Traduzca lo siguiente al inglés.*

1. Me duele aquí. _____
2. Me molesta por la noche. _____
3. Tengo una herida. _____
4. Estoy enfermo. _____
5. Tengo dolor. _____

A Doctor's Appointment

how silly – qué tonto	*calls – llama*	*do you have – tiene*	*my friend – mi amiga*

Jennifer wants a doctor's appointment.

She calls the doctor's office. She says: "I need to make an appointment." The nurse asks: "Do you have insurance?" Jennifer says: "Yes. I have insurance."

The nurse asks: "Do you have a co-pay or a deductible?" Jennifer says: "Yes. I have a co-pay and a deductible." The nurse asks: "What is your name, social security number and employer?" Jennifer says her name, social security number and employer.

The nurse asks: "What is the problem?" Jennifer says: "My friend is sick." How silly!

A. Conteste las siguientes preguntas con verdadero (true) o falso (false).
1. _____ Jennifer needs to speak with the doctor.
2. _____ The nurse asks Jennifer for her name.
3. _____ Jennifer is sick.
4. _____ The nurse asks Jennifer about her friend.
5. _____ Jennifer has insurance.

B. Encierre en un círculo la respuesta correcta.
1. The nurse asks Jennifer for her…
   a) referral
   b) social security number
2. Jennifer wants…
   a) a doctor's appointment
   b) something for the pain
3. Jennifer's friend…
   a) is sick
   b) is well

C. Conteste las siguientes preguntas con una oración completa.
(who – quién   where – dónde   what - qué)

1. Who wants a doctor's appointment?_____
2. What does Jennifer have? _____
3. Where does Jennifer call? _____

Lección 5: La Farmacia (The Pharmacy)

1. Lea cuidadosamente los siguientes ejercicios.
2. Luego, escuche la lección 5 en el programa de audio: "Inglés para la Vida".
3. A continuación, complete las siguientes actividades.

A. El farmacéutico le prescribió un medicamento a su hijo. Transmítale las instrucciones terminando las siguientes oraciones con una de las palabras o frases del siguiente cuadro.

every four hours	use machinery	drive
on an empty stomach	water	

1. Take the medication_____.
2. Drink_____.
3. Don't_____.
4. Take the medication_____.
5. Don't_____.

B. Elija la palabra o frase correcta para comenzar cada oración.

1. _____ to a medication.
   a. empty stomach   b. ever eight hours   c. I'm allergic

2. _____ the directions.
   a. follow   b. call   c. drive

3. _____ the medication when needed.
   a. don't   b. take   c. food

4. _____ if you have problems.
   a. take us   b. follow us   c. call us

5. _____ this form.
   a. complete   b. allergic   c. directions

C. Escriba tres instrucciones que haya leído en el envase de un medicamento de prescripción (en inglés).

1. _____
2. _____
3. _____

The Pharmacist Who Never Listens

| *pharmacist - farmacéutico* | *but – pero* | *I know – yo sé* | *you're sick – está enfermo* |

Hilda goes to the pharmacy for a prescription.

The pharmacist says: "Complete this form." Hilda completes the form. The pharmacist says: "Follow the directions." Hilda says: "I have a problem." The pharmacist says: "I know. Take the medication with food." Hilda says: "I have a problem."

The pharmacist says: "I know. Take the medication every six hours." Hilda says: "But, I have a problem." The pharmacist says: "I know. Don't drive or drink alcohol." Hilda says: "Ok, Ok. But I have a problem." The pharmacist says: "Call us if you have a problem." Hilda says: "I have a problem!"

Finally, the pharmacist says: "I know. You're sick." Hilda says: "No. I'm allergic to the medication!"

A. Conteste las siguientes preguntas con verdadero (true) o falso (false).
1. _____ Hilda goes to the pharmacy.
2. _____The pharmacist tells Hilda the directions.
3. _____ Hilda is allergic to the medication.
4. _____ The pharmacist tells Hilda to call if she has a problem.
5. _____ Hilda has a problem.

B. Encierre en un círculo la respuesta correcta.
1. The pharmacist tells Hilda to…
   a) drink alcohol
   b) take the medication with food
2. Hilda goes to the…
   a) pharmacy
   b) grocery store
3. The pharmacist tells Hilda not to…
   a) eat
   b) drive

C. Conteste las siguientes preguntas con una oración completa.
(who – quién   what - qué)

1. Who goes to the pharmacy?_____
2. What does the pharmacist tell Hilda? _____
3. What is Hilda's problem? _____

Lección 6: La Escuela (The School)

1. Lea cuidadosamente los siguientes ejercicios.
2. Luego, escuche la lección 6 en el programa de audio: "Inglés para la Vida".
3. A continuación, complete las siguientes actividades.

A. Coloque los comentarios de los siguientes informes escolares bajo el título correcto (buen comportamiento o mal comportamiento).

He/She behaves badly.
He/She doesn't study.
He/She behaves well.
He/She pays attention.

He/She does his/her homework.
He/She does not pay attention.
He/She doesn't do his/her homework.
He/She studies.

Good Behavior	Bad Behavior
1. _____	5. _____
2. _____	6. _____
3. _____	7. _____
4. _____	8. _____

B. Encierre en un círculo la palabra correcta para cada oración.

1. I want to (attention / register) my child.
2. We require a (note / class) from you.
3. I have her (birth / date) certificate.
4. I have his report (behave / card).
5. This is a (permission / register) note.
6. We (speak / require) your signature.
7. I need to speak with the (teacher / register).
8. You need to (well / help) my child.
9. I (need / necessary) to speak with the counselor.
10. I want to register for (records / classes).

C. Traduzca al español tres de las oraciones anteriores.

1. _____
2. _____
3. _____

The Teacher's Conference

conference - reunión	gives - da	he's – él es	grades – notas
very – muy	your – su		too - también

Mrs. Hildago is going to a teacher's conference.

The teacher gives Mrs. Hildago the report card. The grades are very bad. Then, the teacher says: "Your child behaves badly and does not pay attention." Mrs. Hildago says: "You need to help my child."

The teacher says: "Your child does not do his homework and does not study." Mrs. Hildago says: "You need to help my child." The teacher says: "Mrs. Hildago, you need to help your child, too." Mrs. Hildago says: "But, he's very bad!"

A. Conteste las siguientes preguntas con verdadero (true) o falso (false).
1. _____The teacher gives Mrs. Hildago the homework.
2. _____ Mrs. Hildago goes to the office.
3. _____ The teacher says the child does not study.
4. _____ Mrs. Hildago wants the teacher to help her child.
5. _____ The grades are very good.

B. Encierre en un círculo la respuesta correcta.
1. The teacher…
   a) does homework
   b) gives the report card
2. Mrs. Hildago says her child…
   a) is very bad
   b) is very smart
3. The child does not…
   a) help the teacher
   b) pay attention

C. Conteste las siguientes preguntas con una oración completa.
   (who – quién   what – qué   how – cómo)

1. Who goes to the teacher's conference?_____
2. What does the teacher give to Mrs. Hildago? _____
3. How is the child's behavior? _____

Lección 7: El Trabajo (Work)

1. Lea cuidadosamente los siguientes ejercicios.
2. Luego, escuche la lección 7 en el programa de audio: "Inglés para la Vida".
3. A continuación, complete las siguientes actividades.

A. Llene el espacio en blanco con la palabra correcta para completar las preguntas.

1. ¿Cuándo debo estar aquí? → *When should I* _____?
   a) finish   b) be here   c) off

2. ¿Cuáles son mis días libres? → _____ *are my days off?*
   a) where   b) hours   c) what

3. ¿Cuándo está la entrevista? → *When is the* _____?
   a) interview   b) many   c) schedule

4. ¿Cuánto por semana? → *How much per* _____?
   a) days   b) month   c) week

5. ¿Cuáles son los beneficios? → *What are the* _____?
   a) benefits   b) pay   c) raise

B. Haga preguntas acerca de su esquema de trabajo usando las primeras palabras dadas.

1. When _____?
2. How much_____?
3. What _____?
4. How _____?
5. Are you _____?

C. Una mediante una línea cada palabra con su significado correspondiente.

1. benefits		entrevista
2. job		ascendido
3. interview		beneficios
4. hiring		días libres
5. days off		contratando
6. promoted		trabajo

Looking for a Job

manager - gerente	*today – hoy*	*Saturday - sábado*	*Sunday – domingo*

Javier is looking for a job.

Javier asks the manager at the "Blue Castle" restaurant: "Are you hiring?" The manager says: "Yes. We're hiring." Javier asks: "How much do you pay?" The manager says: "We pay $300 per week." Javier says: "Perfect!"

Javier asks: "What are my days off?" The manager says: "Your days off are Saturday and Sunday." Javier says: "Fantastic!" Javier asks: "When should I start?" The manager says: "You start today!" Javier says: "Marvelous!"

A. Conteste las siguientes preguntas con verdadero (true) o falso (false).
1. _____ Javier is looking for a co-worker.
2. _____ The manager says Javier starts today.
3. _____ Javier asks how much they pay.
4. _____ The manager says they are not hiring.
5. _____ Javier wants the job.

B. Encierre en un círculo la respuesta correcta.
1. The manager says his days off are…
   a) Saturday and Sunday
   b) Monday and Tuesday
2. Javier asks the manager at a…
   a) store
   b) restaurant
3. Javier asks when…
   a) he should start
   b) he should leave

C. Conteste las siguientes preguntas con una oración completa.
  (who – quién   where – dónde   when - cuándo)

1. Who is looking for a job?_____
2. Where does he look for the job? _____
3. When does he start? _____

Lección 8: La Oficina de Correos (The Post Office)

1. Lea cuidadosamente los siguientes ejercicios.
2. Luego, escuche la lección 8 en el programa de audio: "Inglés para la Vida".
3. A continuación, complete las siguientes actividades.

A. Construya diez oraciones, haciendo coincidir las frases del cuadro "a" con las frases del cuadro "b". Utilice las frases del cuadro "a" más de una vez.

a	b
I want to	to send this package
It requires	a book of stamps
I would like	buy a money order
I need	the zip code
This is	tracking
	send it first class
	send this letter
	a roll of stamps
	buy an envelope
	a signature

1. _____
2. _____
3. _____
4. _____
5. _____
6. _____
7. _____
8. _____
9. _____
10. _____

B. Complete las vocales que faltan para traducir al inglés las palabras en español.

1. sobre - _nv_l_p_
2. giro - m_n_y _rd_r
3. seguimiento - tr_ck_ng
4. correo urgente - _xpr_ss

5. paquete - p_ck_ge
6. código postal - z_p c_d_
7. carta - l_tt_r
8. cinta - t_p_

Sending the Package Fast

clerk - dependiente	tells him - le cuenta	fast – rápidamente	his friend – su amigo

Kenny wants to send a package to his friend in Peru.

Kenny goes to the post office. He says: "I would like to send this package." The clerk asks: "What is the name, address and the zip code?" Kenny tells him the name, address and zip code.

Kenny says: "I want to send it express." The clerk says: "Does it require insurance, tracking or a signature?" Kenny says: "Yes, it requires insurance, tracking and a signature."

Then Kenny says: "When will it arrive?" The clerk says: "Today!"

A. Conteste las siguientes preguntas con verdadero (true) o falso (false).
1. _____Kenny wants to send a letter.
2. _____The clerk asks Kenny if it requires tracking.
3. _____ Kenny wants to send the package express.
4. _____ The clerk says it will arrive today.
5. _____ Kenny tells the clerk the name, address and zip code.

B. Encierre en un círculo la respuesta correcta.
1. Kenny is sending a package...
   a) to his boss
   b) to his friend
2. The clerk asks if it requires...
   a) insurance
   b) a stamp
3. Kenny wants to send the package...
   a) first class
   b) express

C. Conteste las siguientes preguntas con una oración completa.
(who – quién   where – dónde   when - cuándo)

1. Who wants to send a package?_____
2. Where does Kenny go? _____
3. When will the package arrive? _____

Lección 9: Emergencias (Emergencies)

1. Lea cuidadosamente los siguientes ejercicios.
2. Luego, escuche la lección 9 en el programa de audio: "Inglés para la Vida".
3. A continuación, complete las siguientes actividades.

A. Cuéntele a la policía lo que sucedió. *Traduzca al inglés la palabra entre paréntesis.*

1. There was an_____. (accidente)
2. There was a_____. (pelea)
3. There was a_____. (robo)
4. There was an_____. (alarma)
5. There is a_____. (fuego)
6. There is an_____. (emergencia)
7. There is_____. (peligro)
8. We need_____. (ayuda)
9. We need a_____. (doctor)
10. I need someone to_____. (me ayude)

B. Alguien ha caído al suelo. Pregúntele cómo se encuentra. *Tradúzcalo al inglés.*

1. ¿Cuál es el problema?

   _____

2. ¿Está bien?

   _____

3. ¿Está lastimado?

   _____

4. ¿Está enfermo?

   _____

C. ¿A quién debería llamar? Elija a alguien del cuadro de la derecha.

1. There was a robbery. _____
2. There was an accident. _____
3. Someone is sick. _____

| doctor |
| ambulance |
| police |

An Emergency

dispatcher - expedidor	*answers the phone - contesta el teléfono*
firemen - bomberos	*send - envia*

Sam calls 911.

The dispatcher answers the phone and says: "What is the emergency?" Sam says: "There was an accident, a fight, a fire and a robbery." The dispatcher says: "Oh my! That is an emergency!"

Sam says: "We need a doctor, an ambulance, firemen and the police." The dispatcher says: "I'll send a doctor, an ambulance, firemen and the police."

Sam says: "Thanks! I need someone fast!"

A. Conteste las siguientes preguntas con verdadero (true) o falso (false).
1. _____Sam reports an emergency.
2. _____ The dispatcher asks about the weather.
3. _____ Sam needs someone fast.
4. _____ The dispatcher sends a doctor.
5. _____ Sam thanks the dispatcher.

B. Encierre en un círculo la respuesta correcta.
1. Sam calls…
    a) an ambulance
    b) 911
2. The dispatcher says: "That…
    a) is a shame
    b) is an emergency
3. Sam needs…
    a) someone fast
    b) an accident

C. Conteste las siguientes preguntas con una oración completa.
                    (who – quién   what – qué)

1. Who reports an accident?_____
2. What is the emergency? _____
3. Who does the dispatcher send? _____

Repaso General

A. Seleccione la respuesta más apropiada.

1. Welcome to the...

   a. neighborhood   b. it   c. supervisor

2. How is your...

   a. fine   b. good   c. family

3. It's a pleasure...

   a. to meet you   b. quickly   c. afternoon

4. My child would like...

   a. today   b. to play   c. rules

5. Is there a school...?

   a. on time   b. over   c. nearby

6. I am looking for....

   a. something   b. small   c. follow

7. Thank you for. ...

   a. steps   b. your help   c. tomorrow

8. How much...?

   a. remember   b. does it cost   c. try

9. Do you have...?

   a. change   b. want   c. way

10. I need to speak with...

    a. follow   b. to do this   c. the manager

B. Seleccione la significa de la palabra o frase subrayada.

1. I want to cash a check.

   a. cambiar   b. apague   c. cuidado

2. I want to withdrawal money.

   a. cubra   b. retirar   c. desenchufe

3. I have a checking account.

   a. manos   b. cheque   c. cuenta corriente

4. I need a credit card.

   a. tarjeta de crédito   b. tarjeta de seguir   c. tarjeta de leer

5. Where do I sign the check?

   a. letrero   b. firmo   c. alguien

6. I need to make an appointment.

   a. una cita   b. una cosa   c. una silla

7. I have <u>insurance.</u>
   a. tarjeta   b. seguro   c. cascos

8. I want to speak with the <u>nurse</u>.
   a. enfermera   b. doctor   c. bombero

9. Can I have something <u>for pain</u>?
   a. para salud   b. para el dolor   c. para guantes

10. <u>It bothers me</u> sometimes.
    a. me habla   b. respira   c. me molesta

C. Seleccione la palabra o frase que _no pertenece_.

1. This is the_____.
   a. form   b. here

2. Take the medication_____.
   a. with food   b. per tax

3. Don't drink_____.
   a. alcohol   b. benefits

4. Call if you have_____.
   a. problems   b. this is your

5. Take the medication_____.
   a. a raise   b. once a day

6. I have_____.
   a. necessary   b. her birth certificate

7. We require_____.
   a. a note   b. your shift

8. She behaves_____.
   a. schedule   b. badly

9. I need to speak with_____.
   a. the principal   b. you need

10. You need to_____.
    a. help my child   b. help records

D. Seleccione la respuesta más apropiada.

1. _____ for a job.
   a. I looking   b. I am   c. I am looking

2. _____ per week?
   a. how much   b. happened   c. when

3. When _____ be here?

    a. I should   b. should I   c. am should

4. I would like to_____.

    a. promoted   b. be promoted   c. is promoted

5. What should _____?

    a. I do   b. I did   c. I done

6. I would like _____ this package.

    a. am sending   b. to send   c. be send

7. I _____to buy a book of stamps.

    a. need   b. needs   c. needing

8. This _____the zip code.

    a. am   b. be   c. is

9. _____ want to send it first class.

    a. she   b. I   c. he

10. It _____insurance.

    a. require   b. requiring   c. requires

E. Lea los párrafos y seleccione la respuesta más apropiada.

✪Jimmy has many problems. He calls the doctor's office and says: "I need someone to help me." The nurse says: "What is the problem?"

Jimmy says: "I'm sick, I'm hurt and I'm in pain." The nurse says: "Oh no!" Jimmy says: "Can I have medicine and something for pain?"

The nurse says: "Do you have insurance?" Jimmy says: "No, I don't have insurance." The nurse asks: "You're sick, you have an injury, you're in pain and you don't have insurance?"

Jimmy says: "Yes." The nurse says: "We can't help you." Poor Jimmy!

1. What does Jimmy have?

    a. doctor   b. problems   c. medicine

2. Jimmy does not have…

    a. vacations   b. pain   c. insurance

3. Where does Jimmy call…?

    a. the doctor's office   b. the school office   c. the insurance office

4. Jimmy_____ something for pain.

    a. wants   b. pays to   c. does not want

5. With whom does Jimmy talk?

    a. the teacher   b. the nurse   c. the doctor

☼ Mary is looking for a job. She goes to the *Maracas Restaurant* and says: "I need to speak with the manager." The manager says: "Can I help you?"

Mary says: "Yes. I am looking for a job. Are you hiring?" The manager says: "Yes. When can you start?" Mary says: "I can start today." The manager says: "Ok. You start today."

Mary says: "What should I do?" The manager says: "Complete this form and sign here." Mary says: "I don't understand how to do it." The manager says: "You need to follow the directions."

Mary says: "I don't know Spanish." The manager says: "Oh no! We have a problem."

1. Where does Mary go?

   a. to a form   b. to a restaurant   c. to a problem

2. Mary doesn't know…

   a. a job   b. Spanish   c. today

3. When does Mary start?

   a. at the restaurant b. today   c. directions

4. The manager tells Mary that they have…

   a. a problem   b. a sign   c. a direction

5. Mary doesn't understand how to…

   a. speak English   b. look for a job   c. complete the form

Clave de Respuestas

Lección 1

A.

1. good morning
2. thank you
3. fine, thanks
4. same to you
5. good evening

B.

1.	Would you like to come?	¿Quisiera venir?
2.	Would you like to bring your family?	¿Quisiera traer su familia?
3.	Would you like to bring something?	¿Quisiera traer algo?
4.	Is there a store nearby?	¿Hay una tienda cerca de aquí?
5.	Is there a school nearby?	¿Hay una escuela cerca de aquí?
6.	Is there a park nearby?	¿Hay un parque cerca de aquí?

The Neighborhood Party

A.

1. false
2. true
3. false
4. false
5. true

B.

1. b
2. b
3. a

C.

1. Carolina and Jacob are going to have a party.
2. They ask their neighbors to come to the party.
3. 325 family members come to the party.

Lección 2

A.

1. Do you take credit cards?
2. Can you help me?
3. How much does it cost?
4. Where is it?
5. Do you have change?
6. Do you take checks?
7. Do you take cash?
8. Do you have this?
9. What's your name?
10. Do you have a problem?

B.

1. I have
2. It is
3. I need
4. I am
5. I have
6. Thank you
7. It is
8. I am
9. I have
10. I am

Susie Shopper

A.

1. false
2. false
3. true
4. true
5. true

B.

1. a
2. a
3. b

C.

1. Susie is looking for a gift.
2. Susie likes the gift.
3. Susie is in the store.

Lección 3
A.
1. check
2. money
3. credit card

B.
1. cuenta corriente
2. hoja de depósito
3. tarjeta de crédito
4. recibo
5. tarjeta de débito
6. hoja de retiro
7. nombre
8. cheque de viajero
9. cheque
10. dirreción
11. dinero
12. cuenta de ahorros

A New Bank Account
A.
1. false
2. true
3. true
4. false
5. false

B.
1. b
2. a
3. a

C.
1. Logan wants an account.
2. The teller gives Logan checks, a debit card and deposit slips.
3. Logan goes to the bank.

Lección 4
A.
1. I need to make an appointment.
2. I need to change an appointment.
3. This is my social security number.
4. I want to speak with the doctor.
5. Can I have something for pain?
6. It is for my child.
7. I have an insurance card.
8. I need a medical exam.

B.
1. It hurts me here.
2. It bothers me at night.
3. I have an injury.
4. I am sick.
5. I have pain.

A Doctor's Appointment
A.
1. false
2. true
3. false
4. true
5. true

B.
1. b
2. a
3. a

C.
1. Jennifer wants a doctor's appointment.
2. Jennifer has insurance.
3. Jennifer calls the doctor's office.

Lección 5
A.
1. every four hours
2. water
3. drive
4. on an empty stomach
5. use machinery

B.

1. I'm allergic
2. follow
3. take

4. call us
5. complete

C. *Respuestas variarán.*

The Pharmacist Who Never Listens

A.

1. true
2. true
3. true

4. true
5. true

B.

1. b
2. a

3. b

C.

1. Hilda goes to the pharmacy.
2. The pharmacist tells Hilda the directions.
3. Hilda is allergic to the medication.

Lección 6

A.

1. He/She behaves well.
2. He/She does his/her homework.
3. He/She pays attention.
4. He/She studies.

5. He/She doesn't study.
6. He/She does not pay attention.
7. He/She doesn't do his/her homework.
8. He/She behaves badly.

B.

1. register
2. note
3. birth
4. card
5. permission

6. require
7. teacher
8. help
9. need
10. classes

C. *Respuestas variarán.*

The Teacher's Conference

A.

1. false
2. false
3. true

4. true
5. false

B.

1. b
2. a

3. b

C.

1. Mrs. Hildago goes to the teacher's conference.
2. The teacher gives Mrs. Hildago the report card.
3. The child's behavior is bad.

Lección 7

A.

1. be here
2. what
3. interview

4. week
5. benefits

B. *Respuestas variarán.*

C.
1. beneficios
2. trabajo
3. entrevista
4. contratando
5. días libres
6. ascendido

Looking for a Job

A.
1. false
2. true
3. true
4. false
5. true

B.
1. a
2. b
3. a

C.
1. Javier is looking for a job.
2. He looks for a job at a restaurant.
3. He starts today.

Lección 8

A.
1. I want to buy a money order.
2. I want to buy an envelope.
3. I want to send it first class.
4. I want to send this letter.
5. I want to buy a money order.
6. It requires a signature.
7. It requires tracking.
8. I would like a book of stamps.
9. I need a roll of stamps.
10. This is the zip code.

B.
1. envelope
2. money order
3. tracking
4. express
5. package
6. zip code
7. letter
8. tape

Sending the Package Fast

A.
1. true
2. true
3. true
4. true
5. true

B.
1. b
2. a
3. b

C.
1. Kenny wants to send a package.
2. Kenny goes to the post office.
3. The package will arrive today.

Lección 9

A.
1. accident
2. fight
3. robbery
4. alarm
5. fire
6. emergency
7. danger
8. help
9. doctor
10. help me

B.
1. What is the problem?
2. Are you ok?
3. Are you hurt?
4. Are you sick?

C.
1. police
2. ambulance
3. doctor

An Emergency

A.
1.	true	4.	true
2.	false	5.	true
3.	true		

B.
1.	b	3.	a
2.	b		

C.
1. Sam reports an accident.
2. There was an accident, a fight, a fire and a robbery.
3. The dispatcher sends a doctor, an ambulance, firemen and the police.

Repaso General

A.
1.	a	6.	a
2.	c	7.	b
3.	a	8.	b
4.	b	9.	a
5.	c	10.	c

B.
1.	a	6.	a
2.	b	7.	b
3.	c	8.	a
4.	a	9.	b
5.	b	10.	c

C.
1.	b	6.	a
2.	b	7.	b
3.	b	8.	a
4.	b	9.	b
5.	a	10.	b

D.
1.	c	6.	c
2.	a	7.	a
3.	c	8.	c
4.	b	9.	b
5.	a	10.	a

E.
1.	b	6.	b
2.	c	7.	b
3.	a	8.	b
4.	a	9.	a
5.	b	10.	c

Lección 1: El Barrio
(The Neighborhood)

¡Hola!	Hello!	(jel-**o**)
Bienvenidos…	Welcome…	(**uel**-kam)
Bienvenidos al...	Welcome to the…	(**uel**-kam tu da)
¡Bienvenidos al barrio!	Welcome to the neighborhood!	(**uel**-kam tu da **nei**-bor-jud)
¿Cómo...?	How...?	(jaou)
¿Cómo está?	How are you?	(jaou ar iu)
¡Bien, gracias!	Fine, thanks!	(fain zenks)
¿Y usted?	And you?	(and iu)
¿Cómo está...?	How is...?	(jaou is)
¿Cómo está su familia?	How is your family?	(jaou is ior **fam**-a-li)
Es…	It's…	(its)
Es un placer…	It's a pleasure…	(its a **ple**-chor)
Es un placer conocerle.	It's a pleasure to meet you.	(its a **ple**-chor tu mit iu)
Igualmente.	Same to you.	(seim tu iu)
¡Buenos días!	Good morning!	(gud **mor**-ning)
¡Buenas tardes!	Good afternoon!	(gud **af**-ter-nun)
¡Buenas noches!	Good evening!	(gud **iv**-ning)
Vamos…	We're going...	(uir **go**-ing)
Vamos a tener…	We're going to have…	(uir **go**-ing tu jav)
Vamos a tener una fiesta.	We're going to have a party.	(uir **go**-ing tu jav a **par**-ti)
¿Quisiera…?	Would you like…?	(uald iu lik)
¿Quisiera venir?	Would you like to come?	(uald iu lik tu kam)
¿Quisiera traer...?	Would you like to bring...?	(uald iu lik tu bring)
¿Quisiera traer algo?	Would you like to bring something?	(uald iu lik tu bring **sam**-ding)
¿Quisiera traer a su familia?	Would you like to bring your family?	(uald iu lik tu bring ior **fam**-a-li)
Mi hijo (a)…	My child…	(mai chaild)
Mi hijo (a) quisiera…	My child would like…	(mai chaild uald lik)
Mi hijo (a) quisiera jugar.	My child would like to play.	(mai chaild uald lik tu plei)
¿Hay...?	Is there...?	(is deir)
¿Hay una tienda...?	Is there a store...?	(is deir a stor)
¿Hay una tienda cerca de aquí?	Is there a store nearby?	(is deir a stor nir-**bai**)
¿Hay una escuela cerca de aquí?	Is there a school nearby?	(is deir a skul nir-**bai**)
¿Hay un parque cerca de aquí?	Is there a park nearby?	(is deir a park nir-**bai**)

Lección 2: La Tienda
(The Store)

Estoy…	I am…	(ai em)
Estoy buscando…	I am looking for…	(ai em **luk**-ing for)
Estoy buscando un regalo.	I am looking for a gift.	(ai em **luk**-ing for a gift)
Estoy buscando algo.	I am looking for something.	(ai em **luk**-ing for **sam**-ding)

Estoy simplemente buscando.	I am just looking.	(ai em zast **luk**-ing)
¿Puede...?	Can you...?	(ken iu)
¿Puede ayudarme?	Can you help me?	(ken iu jelp mi)
Gracias...	Thank you...	(zank iu)
Gracias por su ayuda.	Thank you for your help.	(zank iu for ior jelp)
No gracias.	No thank you.	(nou zank iu)
Me llamo...	My name is...	(mai neim is)
¿Cómo se llama?	What is your name?	(uat is ior neim)
¿Cuánto...?	How much...?	(jau mach)
¿Cuánto cuesta?	How much does it cost?	(jau mach daz it kast)
Eso...	That...	(dat)
Eso es todo.	That is all.	(dat is al)
Es...	It is...	(it is)
Es pequeño.	It is small.	(it is smal)
Es grande.	It is large.	(it is larz)
¿Dónde...?	Where...?	(ueir)
¿Dónde está?	Where is it?	(ueir is it)
Me gusta...	I like it.	(ai laik it)
No me gusta.	I don't like it.	(ai dont laik it)
¿Tiene...?	Do you have...?	(du iu jav)
¿Tiene esto?	Do you have this?	(du iu jav dis)
¿Tiene cambio?	Do you have change?	(du iu jav cheinz)
Necesito...	I need...	(ai nid)
Necesito hablar...	I need to speak...	(ai nid tu spik)
Necesito hablar con...	I need to speak with...	(ai nid tu spik uiz)
Necesito hablar con el (la) gerente.	I need to speak with the manager.	(ai nid tu spik uiz da **ma**-na-ller)
¿Toma...?	Do you take...?	(du iu tak)
¿Toma las tarjetas de crédito?	Do you take credit cards?	(du iu tak **kre**-dit kards)
¿Toma cheques?	Do you take checks?	(du iu tak cheks)
¿Toma efectivo?	Do you take cash?	(du iu tak kash)
¿Toma giros?	Do you take money orders?	(du iu tak **ma**-ni **or**-ders)
Tengo...	I have...	(ai jav)
Tengo un problema.	I have a problem.	(ai jav a **pra**-blem)
Tengo una devolución.	I have a return.	(ai jav a ri-**tern**)
Tengo un cambio.	I have an exchange.	(ai jav an eks-**chanz**)

Lección 3: El Banco (The Bank)

Quiero...	I want...	(ai uant)
Quiero cambiar...	I want to cash...	(ai uant tu kach)
Quiero cambiar un cheque.	I want to cash a check.	(ai uant tu kach a chek)
Quiero depositar...	I want to deposit...	(ai uant tu di-**pa**-sit)

Quiero depositar un cheque.	I want to deposit a check.	(ai uant tu di-**pa**-sit a chek)
Quiero depositar dinero.	I want to deposit money.	(ai uant tu di-**pa**-sit **ma**-ni)
Quiero retirar…	I want to withdrawal…	(ai uant tu uiz-**draul**)
Quiero retirar dinero.	I want to withdrawal money.	(ai uant tu uiz-**draul ma**-ni)
Tengo…	I have…	(ai jav)
Tengo una cuenta.	I have an account.	(ai jav an a-**kaut**)
Tengo una cuenta corriente.	I have a checking account.	(ai jav a **che**-king a-**kaut**)
Tengo una cuenta de ahorros.	I have a savings account.	(ai jav a **sei**-vings a-**kaut**)
Tengo un cheque.	I have a check.	(ai jav a chek)
Tengo un cheque de viajero.	I have a travelers check.	(ai jav a **tra**-va-lers chek)
Necesito…	I need…	(ai nid)
Necesito una tarjeta.	I need a card.	(ai nid a kard)
Necesito una tarjeta de débito.	I need a debit card.	(ai nid a **de**-bit kard)
Necesito una tarjeta de crédito.	I need a credit card.	(ai nid a **kre**-dit kard)
Esta es…	This is…	(dis is)
Esta es mi…	This is my…	(dis is mai)
Esta es mi identificación.	This is my identification.	(dis is mai i-**dent**-a-fi-kei-chan)
Esta es mi dirección.	This is my address.	(dis is mai **a**-dres)
Este es mi nombre.	This is my name.	(dis is mai neim)
¿Puede…?	Can you…?	(ken iu)
¿Puede darme…?	Can you give me…?	(ken iu giv mi)
¿Puede darme una hoja?	Can you give me a slip?	(ken iu giv mi a slip)
¿Puede darme una hoja de depósito?	Can you give me a deposit slip?	(ken iu giv mi a di-**pa**-sit slip)
¿Puede darme una hoja de retiro?	Can you give me a withdrawal slip?	(ken iu giv mi a uiz-**draul** slip)
¿Dónde…?	Where…?	(ueir)
¿Dónde firmo?	Where do I sign?	(ueir du ai sain)
¿Dónde firmo el cheque?	Where do I sign the check?	(ueir du ai sain da chek)
¿Dónde está...?	Where is...?	(ueir is)
¿Dónde está el recibo?	Where is the receipt?	(ueir is da ri-**sit**)
¿Cuándo…?	When…?	(uen)
¿Cuándo tendré el dinero...?	When will the money…?	(uen uil da **ma**-ni)
¿Cuándo tendré el dinero disponible?	When will the money be available?	(uen uil da **ma**-ni bi a-**vail**-a-bal)

Lección 4: La Oficina del Doctor (The Doctor's Office)

Mi nombre...	My name…	(mai neim)
Mi nombre es…	My name is…	(mai neim is)
Soy...	I am…	(ai em)
Soy un (una) paciente.	I am a patient.	(ai em a **pei**-chant)
Soy un (una) paciente nuevo.	I am a new patient.	(ai em a niu **pei**-chant)

Necesito…	I need…	(ai nid)
Necesito hacer…	I need to make…	(ai nid tu meik)
Necesito hacer una cita.	I need to make an appointment.	(ai nid tu meik an a-**puint**-ment)
Necesito cambiar…	I need to change…	(ai nid tu cheinz)
Necesito cambiar una cita.	I need to change an appointment.	(ai nid tu cheinz an a-**puint**-ment)
Necesito un examen.	I need an exam.	(ai nid an eks-**am**)
Necesito un examen médico.	I need a medical exam.	(ai nid a **me**-di-kal eks-**am**)
Estoy…	I am…	(ai em)
Estoy enfermo (a).	I am sick.	(ai em sik)
Estoy bien.	I am well.	(ai em uel)
Tengo…	I have…	(ai jav)
Tengo dolor.	I have pain.	(ai jav pein)
Tengo una herida.	I have an injury.	(ai jav an **in**-zhor-i)
Tengo un problema.	I have a problem.	(ai jav a **pra**-blem)
Tengo seguro.	I have insurance.	(ai jav in-**chor**-ans)
No tengo seguro.	I don't have insurance.	(ai dont jav in-**chor**-ans)
Tengo una tarjeta.	I have a card.	(ai jav a kard)
Tengo una tarjeta de seguro.	I have an insurance card.	(ai jav an in-**chor**-ans kard)
Tengo un seguro adicional.	I have additional insurance.	(ai jav a-**di**-chen-al in-**chor**-ans)
Tengo un co-pago.	I have a co-pay.	(ai jav a **ko**-pei)
Tengo un deducible.	I have a deductible.	(ai jav a di-**dakt**-a-bal)
Tengo un referido.	I have a referral.	(ai jav a ri-**fe**-rul)
Esta es…	This is…	(dis is)
Este es mi número…	This is my number…	(dis is mai **nam**-ber)
Este es mi número del seguro social.	This is my social security number.	(dis is mai **so**-chal se-**kur**-e-ti **nam**-ber)
Esta es mi firma.	This is my signature.	(dis is mai **sig**-na-chor)
Este es mi patrono.	This is my employer.	(dis is mai em-**ploi**-er)
Quiero…	I want…	(ai uant)
Quiero hablar…	I want to speak…	(ai uant tu spik)
Quiero hablar con la…	I want to speak with the…	(ai uant tu spik uiz da)
Quiero hablar con la enfermera.	I want to speak with the nurse.	(ai uant tu spik uiz da ners)
Quiero hablar con el doctor.	I want to speak with the doctor.	(ai uant tu spik uiz da **dak**-ter)
Es…	It is…	(it is)
Es para…	It is for…	(it is for)
Es para mi.	It is for me.	(it is for mi)
Es para mi hijo (a).	It is for my child.	(it is for mai chaild)
Es para mi esposo (a).	It is for my spouse.	(it is for mai spaus)
Es para mis padres.	It is for my parents.	(it is for mai **par**-ents)
Es para mi hermano (a).	It is for my sibling.	(it is for mai **si**-bling)
¿Puedo...?	Can I...?	(ken ai)

¿Puedo tener...?	Can I have...?	(ken ai jav)
¿Puedo tener información?	Can I have information?	(ken ai jav in-for-**mei**-chan)
¿Puedo tener medicina?	Can I have medicine?	(ken ai jav **me**-da-sin)
¿Puedo tener algo...?	Can I have something...?	(ken ai jav **sam**-ding)
¿Puedo tener algo para el dolor?	Can I have something for pain?	(ken ai jav **sam**-ding for pein)
Me duele…	It hurts…	(it jerts)
Me duele aquí.	It hurts here.	(it jerts jier)
Me molesta…	It bothers me…	(it **ba**-zers mi)
Me molesta a veces.	It bothers me sometimes.	(it **ba**-zers mi **sam**-taims)
Me molesta por la noche.	It bothers me at night.	(it **ba**-zers mi at nait)

Lección 5: La Farmacia (The Pharmacy)

Esta es...	This is...	(dis is)
Esta es la receta.	This is the prescription.	(dis is da pri-**skrip**-chan)
Esta es la tarjeta de recetas.	This is the prescription card.	(dis is da pri-**skrip**-chan kard)
Complete…	Complete…	(kam-**plit**)
Complete este formulario.	Complete this form.	(kam-**plit** dis form)
Firme…	Sign…	(sain)
Firme aquí.	Sign here.	(sain jier)
Soy…	I'm…	(aim)
Soy alérgico (a) …	I'm allergic…	(aim a-**ler**-zik)
Soy alérgico (a) a un medicamento.	I'm allergic to a medication.	(aim a-**ler**-zik tu a me-di-**kei**-chan)
Siga…	Follow...	(**fa**-lou)
Siga las direcciones.	Follow the directions.	(**fa**-lou da der-**ek**-chans)
Tome…	Take…	(teik)
Tome el medicamento...	Take the medication...	(teik da me-di-**kei**-chan)
una vez al día	once a day	(uaz a dei)
dos veces al día	twice a day	(tuais a dei)
cada cuatro horas	every four hours	(**ev**-er-i for **au**-ors)
cada seis horas	every six hours	(**ev**-er-i siks **au**-ors)
con el estómago vacío	on an empty stomach	(an en **emp**-ti **stam**-ach)
antes de la comida	before food	(bi-**for** fud)
con la comida	with food	(uiz fud)
cuando sea necesario	when needed	(uen **nid**-ed)
Tome…	Drink…	(drink)
Tome agua.	Drink water.	(drink **ua**-ter)
No tome alcohol.	Don't drink alcohol.	(dont drink **al**-ka-hal)
No maneje.	Don't drive.	(dont draiv)
No use...	Don't use...	(dont iuz)
No use maquinaria.	Don't use machinery.	(dont iuz ma-**chin**-a-ri)

Llame..	Call…	(kal)
Llámenos…	Call us…	(kal as)
Llámenos si tiene...	Call us if you have...	(kal as if iu jav)
Llámenos si tiene preguntas.	Call us if you have questions.	(kal as if iu jav **kue**-chans)
Llámenos si tiene problemas.	Call us if you have problems.	(kal as if iu jav **pra**-blems)

Lección 6: La Escuela (The School)

Quiero…	I want…	(ai uant)
Quiero matricularme.	I want to register.	(ai uant tu **re**-zis-ter)
Quiero matricularme para clases.	I want to register for classes.	(ai uant tu **re**-zis-ter for **kla**-ses)
Quiero matricular a mi hijo (a).	I want to register my child.	(ai uant tu **re**-zis-ter mai chaild)
¿Qué…?	What…?	(uat)
¿Qué información...?	What information...?	(uat in-for-**me**-chan)
¿Qué información es necesaria?	What information is necessary?	(uat in-for-**me**-chan is **ne**-se-ser-i)
Tengo…	I have…	(ai jav)
Tengo su...	I have his/her…	(ai jav jis/jer)
Tengo su certificado.	I have his/her certificate.	(ai jav jis/jer ser-**ti**-fi-kat)
Tengo su certificado de nacimiento.	I have his/her birth certificate.	(ai jav jis/jer berz ser-**ti**-fi-kat)
Tengo sus datos.	I have his/her records.	(ai jav jis/jer **re**-kords)
Este es…	This is…	(dis is)
Este es el reporte...	This is the report...	(dis is da ri-**port**)
Este es el reporte escolar.	We require a note from you.	(dis is da ri-**port** kard)
Esta es una nota.	This is a note.	(dis is a not)
Esta es una nota de permiso.	This is a permission note.	(dis is a per-**mi**-chan not)
Requerimos….	We require…	(ui ri-**kuai**-er)
Requerimos su...	We require your…	(ui ri-**kuai**-er ior)
Requerimos su firma.	We require your signature.	(ui ri-**kuai**-er ior **sig**-na-chor)
Requerimos una nota.	We require a note.	(ui ri-**kuai**-er a not)
Requerimos una nota de usted.	We require a note from you.	(ui ri-**kuai**-er a not fram iu)
El/Ella…	He/She…	(ji/chi)
El/Ella tiene que...	He/She has to…	(ji/chi jas tu)
El/Ella presta atención.	He/She pays attention.	(ji/chi peis a-**ten**-chan)
El/Ella no presta atención.	He/She does not pay attention.	(ji/chi das nat pei a-**ten**-chan)
El/Ella se porta…	He/She behaves…	(ji/chi bi-**jeivs**)
El/Ella se porta bien.	He/She behaves well.	(ji/chi bi-**jeivs** wel)
El/Ella se porta mal.	He/She behaves badly.	(ji/chi bi-**jeivs bad**-li)
Mi hijo (a)…	My child…	(mai chaild)
Mi hijo (a) estudia.	My child studies.	(mai chaild **sta**-dis)
Mi hijo (a) no estudia.	My child doesn't study.	(mai chaild **da**-zent **sta**-di)

Mi hijo (a) hace...	My child does...	(mai chaild daz)
Mi hijo (a) hace su tarea.	My child does his/her homework.	(mai chaild daz jis/jer **jom**-uerk)
Necesito...	I need...	(ai nid)
Necesito hablar...	I need to speak...	(ai nid tu spik)
Necesito hablar con usted.	I need to speak with you.	(ai nid tu spik iuz iu)
Necesito hablar con el (la) maestro (a).	I need to speak with the teacher.	(ai nid tu spik iuz da **ti**-cher)
Necesito hablar con el (la) director (a).	I need to speak with the principal.	(ai nid tu spik iuz da **prin**-si-pal)
Necesito hablar con la enfermera.	I need to speak with the nurse.	(ai nid tu spik iuz da ners)
Necesito hablar con el (la) consejero(a).	I need to speak with the counselor.	(ai nid tu spik iuz da **kaun**-se-lar)
Necesita...	You need...	(iu nid)
Necesita ayudar...	You need to help...	(iu nid tu jelp)
Necesita ayudar mi hijo(a).	You need to help my child.	(iu nid tu jelp mai chaild)

Lección 7: El Trabajo (Work)

Estoy...	I am...	(ai em)
Estoy buscando...	I am looking for...	(ai em **luk**-ing for)
Estoy buscando un trabajo.	I am looking for a job.	(ai em **luk**-ing for a zab)
¿Está...?	Are you...?	(ar iu)
¿Está contratando?	Are you hiring?	(ar iu **jai**-er-ing)
¿Cuánto...?	How much...?	(jau mach)
¿Cuánto paga?	How much do you pay?	(jau mach du iu pei)
¿Cuánto por...?	How much per...?	(jau mach per)
¿Cuánto por hora?	How much per hour?	(jau mach per **au**-er)
¿Cuánto por día?	How much per day?	(jau mach per dei)
¿Cuánto por semana?	How much per week?	(jau mach per uik)
¿Cuáles son...?	What are...?	(uat ar)
¿Cuáles son los beneficios?	What are the benefits?	(uat ar da **be**-ne-fits)
¿Cuáles son mis días...?	What are my days...?	(uat ar mai deis)
¿Cuáles son mis días libres?	What are my days off?	(uat ar mai deis af)
¿Cuándo debo...?	When should I...?	(uen chud ai)
¿Cuándo debo empezar?	When should I start?	(uen chud ai start)
¿Cuándo debo estar aquí?	When should I be here?	(uen chud ai bi jir)
¿Cuándo está...?	When is...?	(uen is)
¿Cuándo está la entrevista?	When is the interview?	(uen is da **in**-ter-viu)
Quisiera...	I would like...	(ai uald lik)
Quisiera un aumento.	I would like a raise.	(ai uald lik a reis)
Quisiera ser...	I would like to be...	(ai uald lik tu bi)
Quisiera ser ascendido (a).	I would like to be promoted.	(ai uald lik tu bi pra-**mo**-did)
Comprendo...	I understand...	(ai **an**-der-stand)

Comprendo como…	I understand how…	(ai **an**-der-stand jau)
Comprendo como hacerlo.	I understand how to do it.	(ai **an**-der-stand jau tu du)
No comprendo como hacerlo.	I don't understand how to do it.	(ai dont **an**-der-stand jau tu du)
¿Qué…?	What…?	(uat)
¿Qué quiere?	What do you want?	(uat du iu uant)
¿Qué necesita?	What do you need?	(uat du iu nid)
¿Qué debo…?	What should I…?	(uat chud ai)
¿Qué debo hacer?	What should I do?	(uat chud ai du)
¿Cómo…?	How…?	(jau)
¿Cómo debo…?	How should I…?	(jau chud ai)
¿Cómo debo hacerlo?	How should I do it?	(jau chud ai du it)

Lección 8: La Oficina de Correos (The Post Office)

Quisiera…	I would like…	(ai uald lik)
Quisiera enviar…	I would like to send…	(ai uald lik tu send)
Quisiera enviar este paquete.	I would like to send this package.	(ai uald lik tu send dis **pa**-kaz)
Quisiera enviar esta carta.	I would like to send this letter.	(ai uald lik tu send dis **le**-ter)
Quisiera enviar esta caja.	I would like to send this box.	(ai uald lik tu send dis baks)
Necesito…	I need…	(ai nid)
Necesito sellos.	I need stamps.	(ai nid stamps)
Necesito un rollo de sellos.	I need a roll of stamps.	(ai nid a rol av stamps)
Necesito una libreta de sellos.	I need a book of stamps.	(ai nid a buk av stamps)
Quiero…	I want…	(ai uant)
Quiero comprar…	I want to buy…	(ai uant tu bai)
Quiero comprar un giro.	I want to buy a money order.	(ai uant tu bai a **ma**-ni **or**-der)
Quiero comprar un sobre.	I want to buy an envelope.	(ai uant tu bai en **en**-va-lop)
Quiero comprar cinta.	I want to buy tape.	(ai uant tu bai teip)
¿Cuánto…?	How much…?	(jau mach)
¿Cuánto cuesta…?	How much does it cost…?	(jau mach daz it kast)
¿Cuánto cuesta enviar?	How much does it cost to send?	(jau mach daz it kast tu send)
Esto es…	This is…	(dis is)
Este es el nombre.	This is the name.	(dis is da neim)
Esta es la dirección.	This is the address.	(dis is da **a**-dres)
Este es el código postal.	This is the zip code.	(dis is da zip kod)
Requiere…	It requires…	(it ri-**kua**-ers)
Requiere una firma.	It requires a signature.	(it ri-**kua**-ers a **sig**-na-chor)
Requiere seguro.	It requires insurance.	(it ri-**kua**-ers in-**chor**-ans)
Requiere un recibo.	It requires a receipt.	(it ri-**kua**-ers a ri-**sit**)
Requiere seguimiento.	It requires tracking.	(it ri-**kua**-ers **tra**-king)
¿Cuándo…?	When…?	(uen)
¿Cuándo llegará?	When will it arrive?	(uen uil it a-**raiv**)

Quiero enviarlo...	I want to send it...	(ai uant tu send it)
Quiero enviarlo primera clase.	I want to send it first class.	(ai uant tu send it ferst klas)
Quiero enviarlo por correo urgente.	I want to send it express.	(ai uant tu send it eks-**spres**)

Lección 9: Emergencias (Emergencies)

¿Cuál...?	What...?	(uat)
¿Cuál es la...?	What is the...?	(uat is da)
¿Cuál es la emergencia?	What is the emergency?	(uat is da i-**mer**-zen-si)
¿Cuál es el problema?	What is the problem?	(uat is da **pra**-blem)
Esto es...	This is...	(dis is)
Esto es una...	This is an...	(dis is an)
Esto es una emergencia.	This is an emergency.	(dis is an i-**mer**-zen-si)
Hay...	There is...	(deir is)
Hay un fuego.	There is a fire.	(deir is a **fai**-er)
Hay peligro.	There is danger.	(deir is **dein**-ller)
Hubo...	There was...	(deir uaz)
Hubo un accidente.	There was an accident.	(deir uaz an **ak**-si-dent)
Hubo un alarma.	There was an alarm.	(deir uaz an a-**larm**)
Hubo una pelea.	There was a fight.	(deir uaz a fait)
Hubo un robo.	There was a robbery.	(deir uaz a **ra**-ber-i)
Llame...	Call...	(kal)
Llame al doctor.	Call the doctor.	(kal da **dak**-tor)
Llame a la policía.	Call the police.	(kal da po-**lis**)
Llame a la ambulancia.	Call the ambulance.	(kal da **am**-bu-lens)
Cuidado.	Be careful.	(bi **kear**-ful)
Corra.	Run.	(ran)
Necesitamos...	We need...	(ui nid)
Necesitamos un doctor.	We need a doctor.	(ui nid a **dak**-tor)
Necesitamos ayuda.	We need help.	(ui nid jelp)
Necesito...	I need...	(ai nid)
Necesito a alguien.	I need someone.	(ai nid **sam**-uan)
Necesito que alguien me ayude.	I need someone to help me.	(ai nid **sam**-uan tu jelp mi)
Tengo miedo.	I'm afraid.	(aim a-**freid**)
Tengo miedo de él/ella.	I'm afraid of him/her.	(aim a-**freid** av jim/jer)
¿Está...?	Are you...?	(ar iu)
¿Está bien?	Are you ok?	(ar iu ou-**kei**)
¿Está lastimado?	Are you hurt?	(ar iu jert)
¿Está enfermo (a)?	Are you sick?	(ar iu sik)
Estoy...	I am...	(ai em)
Estoy mal.	I am bad.	(ai em bad)
Estoy bien.	I am fine.	(ai em fain)

KAMMS® PROGRAMAS DE IDIOMAS*
(CDs~DVDs~LIBROS~Y Mucho Más)

Inglés en el Trabajo® (English on the Job)
Inglés para Restaurantes (Restaurants)
Inglés para Construcción (Construction)
Inglés para Jardinería (Landscaping)
Inglés para Hospitalidad (Hospitality)
Inglés para El Trabajo Doméstico (Housekeeping)
Inglés para Oficina Médica (Medical Office)
Inglés para Limpieza y Mantenimiento (Cleaning & Maintenance)
Inglés para Educadores (Educators)
Inglés para Entrevistas de Trabajo (Job Interviews)
Inglés para Vendedores y Cajeros (Salespeople & Cashiers)
Inglés para Trabajadores Industriales (Manufacturing)
Inglés para Negocios (Business)
Inglés para Conversación (Conversational)
Inglés para la Vida (English for Life)
How to Become a US Citizen (English Version)
Cómo Convertirse en Ciudadano de Los Estados Unidos (Spanish Version)

Spanish on the Job®

Spanish for Educators
Spanish for Law Enforcement
Spanish for Health Care
Spanish for Medical Receptionists
Spanish for Real Estate
Spanish for Retail Business
Spanish for Banking

Spanish for Human Resources
Spanish for Restaurants
Spanish for Housekeeping
Spanish for Construction
Spanish for Landscaping
Conversational Spanish

WWW.KAMMSWORLDWIDE.COM

INFO@KAMMSWORLDWIDE.COM

609-822-8000